La migración del pingüino emperador

Grace Hansen

Abdo Kids Jumbo es una subdivisión de Abdo Kids
abdobooks.com

abdobooks.com

Published by Abdo Kids, a division of ABDO, P.O. Box 398166, Minneapolis, Minnesota 55439.

Abdo Kids Jumbo™ is a trademark and logo of Abdo Kids.

Printed in China

052024

092024

Spanish Translator: Maria Puchol

Photo Credits: Alamy, iStock, Minden Pictures, Shutterstock

Production Contributors: Teddy Borth, Jennie Forsberg, Grace Hansen
Design Contributors: Dorothy Toth, Pakou Moua

Library of Congress Control Number: 2023950230

Publisher's Cataloging-in-Publication Data

Names: Hansen, Grace, author.

Title: La migración del pingüino emperador/ by Grace Hansen

Other title: Emperor penguin migration. Spanish

Description: Minneapolis, Minnesota: Abdo Kids, 2025. | Series: La migración animal | Includes online resources and index

Identifiers: ISBN 9798384902034 (lib.bdg.) | ISBN 9798384902591 (ebook)

Subjects: LCSH: Penguins--Juvenile literature. | Emperor penguin--Behavior--Juvenile literature. | Animal migration--Juvenile literature. | Animal migration--Climatic factors--Juvenile literature. | Spanish language materials--Juvenile literature.

Classification: DDC 598.47--dc23

Contenido

El pingüino emperador

El pingüino emperador vive en la **Antártida**. Es el **continente** más frío de la Tierra.

Viven cerca de la costa para estar cerca del agua. Estos pingüinos cazan en el agua.

La marcha del pingüino emperador

El verano en la **Antártida** es de diciembre a marzo. En marzo, los pingüinos emperador **migran** hacia el interior. Es la época de ir a las zonas de anidación.

tierra
nido
migración
mar
alimento

La zona de anidación está alrededor de 50 millas en el interior (80 km). Cada hembra pone un solo huevo y se lo pasa al macho. Él lo mantiene caliente y seguro.

Las hembras de pingüino emperador vuelven al mar para alimentarse para pasar el invierno.

tierra
nido
hembras
mar
alimento

La protección de los jóvenes

El invierno en la **Antártida** es duro. Los machos se juntan y acurrucan, no pueden comer ya que deben proteger los huevos.

Los huevos empiezan a eclosionar en julio. Las hembras vuelven a las zonas de anidación, es su turno para cuidar de los pequeños.

tierra
mar
nido
hembras
alimento

Después del largo invierno, los delgados machos están listos para una gran comida. Comienzan su camino de vuelta hacia el mar. Más tarde, las hembras y los machos tomarán turnos para ir a cazar.

tierra
mar
nido
machos
alimento

Durante la primavera, los polluelos comienzan a mudar el plumaje. Les crecen plumas **impermeables**. Los polluelos serán maduros en 4 ó 5 años. Entonces **migrarán** como lo hicieron sus padres.

Ruta migratoria del pingüino emperador

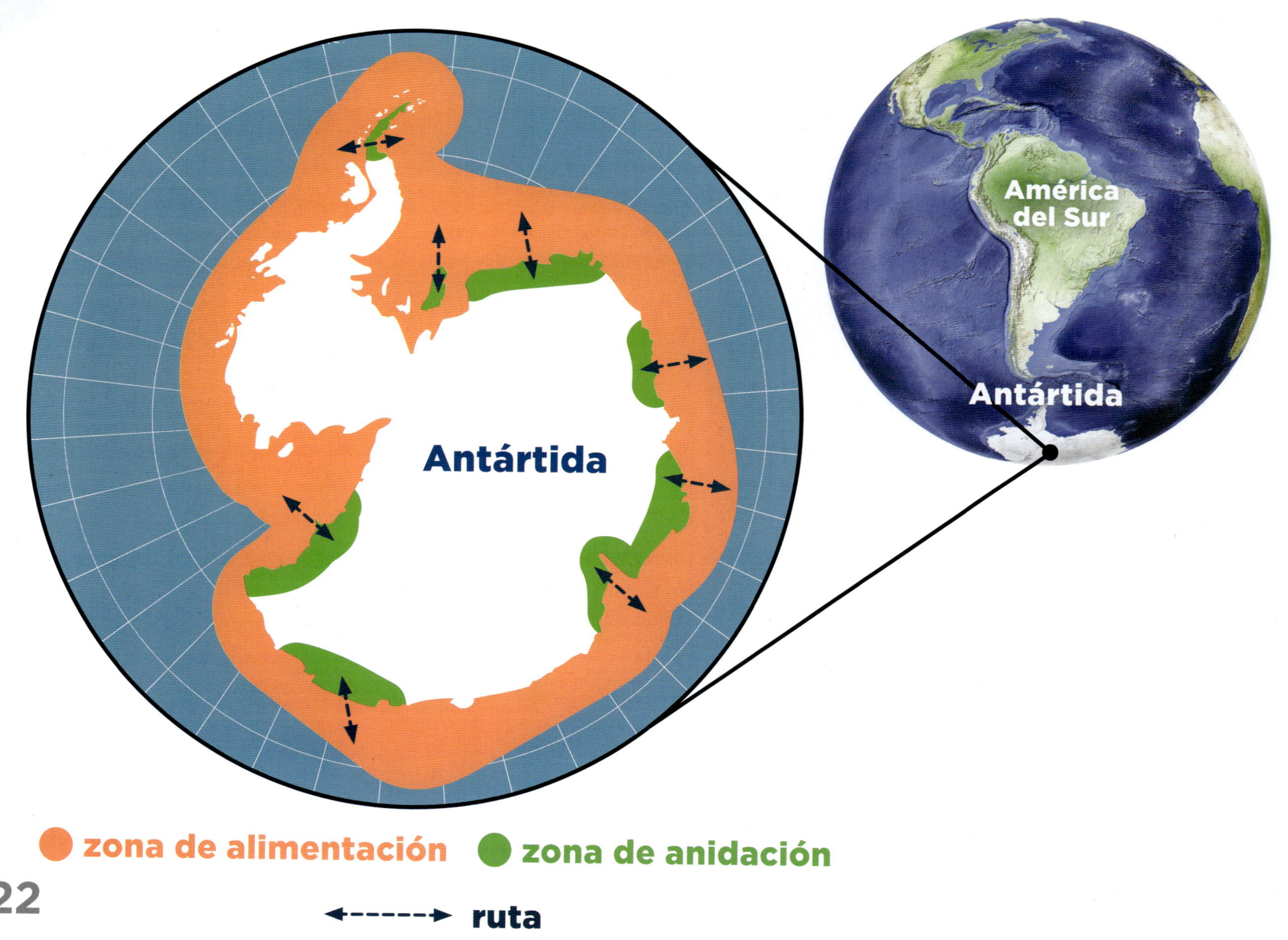

Glosario

Antártida – continente que rodea el Polo Sur.

continente – una de las siete grandes regiones de terreno en la Tierra. Los continentes son África, la Antártida, Asia, Oceanía, Europa, América del Norte y América del Sur.

impermeable – que el agua no puede pasar.

migrar – desplazarse de un lugar a otro por el clima, para buscar alimento o por otras razones importantes.

Índice

¡Visita nuestra página **abdokids.com** para tener acceso a juegos, manualidades, videos y mucho más!

Los recursos de internet están en inglés.

Usa este código Abdo Kids

AEK2323

¡o escanea este código QR!